LETTRE

ADRESSÉE A

MONSIEUR L'ABBÉ POUCLÉE

OFFICIAL DIOCÉSAIN DE CHARTRES

PAR

MONSIEUR L'ABBÉ BRIÈRE

Vicaire de CHATEAUNEUF (Eure-et-Loir)

Monsieur l'Official,

J'ai reçu la lettre que vous m'avez fait l'honneur de m'adresser, en date du 12 octobre dernier, lettre où il m'est notifié que Monseigneur a déféré au Saint-Siége ma dernière brochure. Hommage et remercîments sincères à Sa Grandeur, au sujet de cette démarche. La signification d'un pareil acte ne saurait échapper à personne. Puisque, sans se prononcer, l'autorité diocésaine juge cette affaire digne de l'attention du tribunal suprême, qui pourrait dès lors mépriser mes pensées comme un rien sonore, indigne d'attention ? A ce point de vue, je n'ai que de la reconnaissance à vous offrir.

Mais votre lettre ajoutait, Monsieur l'Official : « Monseigneur vous fait savoir, en outre, qu'il est autorisé à vous conseiller de vous rendre à Rome, pour y donner les explications qui vous seront demandées. » Voilà ce qui me paraît incomplet. Quoique l'espérance de revoir le Saint-Père donne des ailes à mon âme, il m'est impossible de partir sans de plus amples informations. C'est chose facile à comprendre ; et j'ai appris avec étonnement, par une lettre en date du 6 décembre, que l'on n'avait plus rien à me dire à ce sujet. Je réclame, au nom des principes de la justice et de la charité, une sérieuse et loyale application des lois ecclésiastiques. Qu'un évêque défère un livre au Saint-Siége, rien n'est plus légitime, c'est son droit incontestable ; mais, dans le cas où cet évêque ne veut pas se prononcer, il doit évidemment procurer à son subordonné les moyens efficaces d'obtenir une décision de Rome. Or, j'en appelle sur ce point à toute âme de bonne foi, la lettre du 12 octobre remplit-elle ces conditions? Si l'Ordinaire pouvait s'en tenir à de pareils actes, plus de légalité sacrée ; il serait libre à chaque évêché d'esquiver les réclamations les plus légitimes, en renvoyant un prêtre à Rome d'une façon dérisoire. Non, mille fois non, tel n'est pas l'esprit de l'Eglise ; l'Eglise elle-même proteste contre l'allure des Ponces-Pilates. Tel ne saurait donc être aussi le dernier mot du successeur de saint Yves et de Mgr Clausel de Montals.

A part toute autre raison, Monsieur l'Official, daignez me permettre de vous rappeler un fait inconstestable : mes trente ans de ministère. Si j'ose parler ainsi, Dieu le sait, ce n'est point avec la pensée de demander sans motifs un changement de position. J'adore avec une entière soumission la volonté divine en toute chose ; et les rapports très-bienveillants dont on veut bien m'honorer ici font que cette soumission n'est point pour moi un acte de vertu. Mais, puisqu'après de longs efforts mon idée a enfin été jugée sérieuse par l'évêché de Chartres, j'ai droit de demander à cet évêché, je lui demande en effet, comme je l'ai fait tant de fois depuis dix-huit ans, une décision canonique, avec la faculté de me défendre au besoin. Il ne s'agit point ici, pour moi, d'une opinion quelconque, mais des travaux de toute ma vie. L'idée, c'est l'homme même.

I

Quelques détails rétrospectifs vont faire comprendre de plus en plus la légitimité de mes réclamations persévérantes.

1º En 1854, à peu près au début de ces affaires (1), on me fit comparaître un jour à l'évêché devant Monseigneur et tous ces Messieurs réunis. S'il n'y eut point alors de jugement rendu, je ne m'en plains aucunement. Mes idées naissantes n'étaient qu'une ébauche. Toujours est-il néanmoins que, dès cette époque, on m'a reconnu en principe le droit de me défendre, et je me fonde sur ce précédent pour réclamer au besoin l'exercice du droit en question ; je le réclame, dis-je, au nom de Celui qui ne veut pas que le gouvernement ecclésiastique aboutisse à l'assassinat des âmes, à l'égorgement des intelligences.

2º Après un premier voyage à Rome, en cette même année 1854, j'avais tout oublié. Puis, quatre ans après, des faits indépendants de ma volonté me relancèrent dans cette carrière de l'idée, où le génie est vraiment une longue patience. Grâces en soient rendues à la divine Providence ! Elle a une politique non pareille. A quelque temps de là, en 1859, l'évêché m'ayant fait donner avis, à Bonneval, de cesser mes réclamations, je demandai aussitôt mon *exeat*, qui m'avait été promis. Sur quoi l'on répondit à feu M. l'abbé Travers, de douce mémoire: « Veuillez bien faire comprendre à M. l'abbé Brière qu'un *exeat* ne lui serait pas utile dans les

---

(1) Elles avaient pris naissance au joli pays de Thivars, près Chartres.

circonstances présentes. M. Brière peut continuer à communiquer à ses supérieurs ses idées, ses besoins d'âme et de cœur. » Combien je sais gré à Sa Grandeur de cette équitable réponse ! C'était là de la bonne, de la vraie poésie en action, telle que doit la comprendre un évêque. Mais voici en même temps les conclusions qu'il m'est permis d'énoncer ici : A partir de l'année 1859, je ne me suis point imposé par force à l'évêché de Chartres; on ne peut donc pas me reprocher mes longs efforts et mes nombreuses lettres, comme on a semblé le faire quelquefois.

J'ai toujours agi cordialement envers l'autorité, on le sait bien. Donc, même à ce point de vue, à part les principes canoniques, je suis en droit de demander que l'autorité ne m'impose pas sa décision par la force. Voilà toute mon ambition.

3º Cependant l'heure s'enfuit rapide; me voici en 1863. A cette époque, ou du moins vers ce temps-là, voyant qu'on ne répondait pas à mes lettres, j'allai finalement trouver Monseigneur, et Sa Grandeur me répondit : *Toute réflexion faite, je vous conseille de quitter le diocèse; vous pourriez être un embarras pour l'administration; comptez sur les renseignements les plus flatteurs.* Sur ce, désireux de me conformer à l'esprit des conseils évangéliques, je demandai à être admis dans une congrégation religieuse; et, par suite d'une prompte conversion, l'évêché s'y est opposé, en alléguant mes idées. Voilà les faits sans tromperie. Quelle consolation pour moi d'avoir pratiqué, au moins en esprit, le détachement religieux ! Et les renseignements donnés sur mon compte étaient en réalité très-flatteurs, puisqu'ils me reliaient au beau diocèse de Chartres, à l'Archevêché de Paris, à tout ce qui est pour mon âme poésie et amour. Nouvel hommage à l'aimable Providence au sujet de ces incidents ! Le fait est clair, c'est bien Sa Grandeur elle-même qui, sans approuver mes idées, n'a jamais voulu rompre avec elles. J'ai donc bien droit à ce qu'on ne me laisse pas éternellement languir dans les angoisses du doute. Dieu lui-même a promis de ne pas livrer l'homme droit à une perpétuelle agitation (1).

4º En considération de la très-grande foi de Monseigneur, je ne crois pas devoir entrer dans aucuns détails par rapport au soi-disant *exeat* qui me fut accordé en 1865 (2). Le vénérable prélat mieux informé a déjà reconnu, et son humilité chrétienne reconnaîtra mieux encore, j'en ai l'espoir, que pour les supérieurs ecclésiastiques le dernier mot de la politique sacrée ne consiste pas à jeter leurs inférieurs dans une certaine irritation d'esprit, puis à les punir, en déguisant la peine sous les formes élogieuses d'une concession dérisoire. Qu'ai-je dit pourtant? Il est fort douteux qu'un véritable *exeat* eût pu m'être utile à cette époque ; et, en quittant le bon, le si bon pays de Bonneval, j'ai trouvé réellement un Châteauneuf. Louange à celui qui daigna ainsi faire tourner la chose à mon avantage !

Concluons. Sans parler des motifs tirés de la foi chrétienne, je le reconnais, ce long martyre de l'âme est utile, dans une certaine mesure, au développement

---

(1) « Non dabit in æternum fluctuationem justo. (Is. LIV, 23). »

(2) A cette époque, un second voyage à Rome ne me fut pas inutile ; mais les Congrégations étaient en vacances ; je ne pus reparler de rien. Puis enfin de pareils voyages ne sauraient aboutir par eux-mêmes à de sérieux résultats.

de l'esprit ; la vérité ressort avec plus de sève des étreintes de cet inique pressoir. Mais, en accordant ce point, je répète aussitôt : « Dieu et mon droit. » Le droit n'est pas une phrase ; le droit, c'est la justice et l'amour des âmes pour lesquelles Jésus-Christ à versé tout son sang.

II

Vu les détails communiqués à Sa Grandeur, vu aussi, Monsieur l'Official, ce que j'ai eu l'honneur de vous écrire avant de faire imprimer la brochure en question, mon droit de la publier ne saurait être mis en doute, et, vous en êtes témoin, j'use de ce droit avec modération. Si d'ailleurs on me voit ainsi devancer la réponse de Rome, c'est que la Nonciature et l'expérience des faits me l'ont répété bien des fois : *Votre affaire ne sera prise en considération qu'autant qu'elle sera publique. En fait de doctrines et d'idées, tout ce qui n'est pas public n'est rien.*

Parlerai-je aussi des diverses lettres que j'ai déjà reçues ? La plupart de ces lettres semblent dénoter beaucoup d'incertitude, et c'est pour moi un nouveau motif de solliciter une décision. Tout catholique a droit, en effet, non-seulement au libre exercice de l'intelligence, mais encore à des actes, à des jugements de l'autorité doctrinale qui puissent protéger cette liberté. Voici quelques témoignages préliminaires. Je suis autorisé à les rendre publics.

16 Septembre 1877.

« CHER CONFRÈRE ET AMI,

» Je viens vous dire : Courage ! Je devine tout ce qui ce passe dans votre cœur. » Luttez vaillamment. Dieu a permis de vous faire entrevoir quelque chose de » l'avenir. C'est une faveur, car à cette époque de malheur et de sommeil, il y en » a peu qui lèvent la tête pour nous annoncer l'aurore d'un nouveau jour. Beaucoup » ne vous croiront pas ; il est si doux de dormir ; il est si facile de sommeiller. » Mais beaucoup aussi qui ne peuvent digérer le goût des choses présentes vous » salueront avec enthousiasme, sans vous connaître, et se réconforteront à la cha- » leur de vos accents ; ils me semblent, quant à moi, sortir du fond du tabernacle. » Dieu nous aime follement, vous lui rendez folie pour folie. Soyez en béni, etc.

Un curé. »

Depuis peu, j'ai pu revoir, durant quatre heures au moins, avec l'auteur de cette lettre, un exemplaire de ma brochure qu'un ardent contradicteur avait bien voulu annoter. La main sur la conscience, pas une de ces notes ne nous a paru péremp-

toire. Hommage et remercîments quand même à l'annotateur. Voici maintenant
un simple billet que je suis également autorisé à publier.

« MONSIEUR L'ABBÉ,

» Je vous retourne votre ouvrage. C'est le vrai dans toute l'étendue du mot;
» c'est saisissant et très-compréhensible. Je n'ai pas réellement bien compris la
» dernière partie, mais vous m'en aviez prévenu. Tout le reste frappera ceux qui
» liront cet ouvrage avec attention, c'est bien *le vrai mot de la situation pré-*
» *sente.* »

» Je vous remercie de votre complaisance, et vous prie d'agréer les sentiments
» affectueux

» De votre bien dévoué serviteur,

» *Un instituteur.* »

Ne vous effrayez pas des lenteurs, m'écrivait aussi de Paris un membre du haut
enseignement ; *la vérité est comme la nature, elle va piano.* Sans être décisives,
de telles attestations ne montrent-elles pas suffisamment qu'il s'agit d'une
affaire digne d'attention? Si, comme j'en conviens, certaines de mes pensées
demandent un peu plus de développement, que l'on veuille bien se souvenir de
ce proverbe italien :

Al molino ed alla sposa sempre manca qualche cosa (1).

III.

Au nom de l'Église j'abhorre vos idées, m'écrivait tout récemment une âme
pieuse. Que cette âme se rassure et reste ferme dans sa voie. Elle reviendra bien-
tôt vers moi. Car je dis, je prétends et je maintiens, au nom de l'Eglise, que l'on
doit aimer et glorifier mes idées. Je ne toucherai ici qu'un seul point, l'éternité des
peines infernales; et les assertions suivantes vont dissiper tous les doutes, en
mettant en lumière cette distinction : 1º Est-il vrai qu'il existe actuellement un
enfer éternel? Oui, sans aucun doute; 2º Est-il vrai que l'ordre des choses actuelles
soit immuable ? Non, très-certainement (2). Voilà toute ma pensée.

*Assertion première. — En droit comme en fait, l'enseignement de l'Eglise
ne signifie pas que l'ordre actuel des choses est immuable.* En effet, d'après

---

(1) A un moulin et a une jeune mariée il y a toujours quelque chose à refaire.

(2) Il n'y aura jamais d'autre religion que la religion catholique. Mais cette religion sainte contient en elle le germe d'une révolution divine.

l'Eglise, Dieu n'est jamais lié que par ses attributs essentiels, et surtout par sa bonté souveraine. Aucune loi positive ne saurait par elle-même enchaîner la suprême liberté de l'action divine. *Ego Dominus,* je suis le maître, dit le Seigneur, et dans le livre de Job, et par la voix de S. S. Pie IX proclamant l'Immaculée Conception. Or, observons-le bien, l'éternité des peines infernales est une loi purement positive, ou, si l'on veut, un dogme positif, absolument comme la loi ou le dogme de la transmission du péché originel. Ce point ne fait de doute pour personne. Donc la volonté divine n'est pas plus liée dans un cas que dans l'autre. Donc, en principe, l'enseignement de l'Eglise relatif à l'enfer ne peut pas, ne doit pas être entendu en ce sens que Dieu se trouve aujourd'hui dans l'impossibilité de casser la sentence éternelle. Soutenir une pareille impossibilité, ce serait nier la notion catholique de Dieu, base fondamentale de l'édifice chrétien. — De plus, en fait, il y a toujours eu chez nos grands docteurs un manque de fermeté absolue par rapport au dogme de l'éternité des peines. Que l'on veuille bien consulter à ce sujet la brochure. Aux dernières retraites, on nous disait aussi que, dans les grandes villes, *messieurs les archiprêtres, les curés, les vicaires ne voulaient plus prêcher l'enfer (sic);* et par le fait, feu M. l'abbé Lecomte, mort curé de N.-D.-de-Chartres, en 1850, avait défendu que l'on parlât en chaire sur ce sujet. La théologie classique elle-même ne réprouve pas une opinion d'après laquelle les peines infernales subissent une diminution progressive. Et jamais l'Eglise n'a rien décidé à ce sujet. Donc, en fait comme en droit, l'enseignement catholique ne signifie pas que l'ordre actuel des choses est immuable.

Assertion deuxième. — L'Écriture Sainte et la théologie classique nous laissent au moins présumer un changement futur dans l'ordre actuel. Sans la notion de ce changement, l'exégèse sacrée et la théologie sont incomplètes. Que de choses il y aurait à dire ici! Quelques mots seulement. Saint Paul, dans son épître aux Romains, chap. v, à la fin, nous dit par quatre fois : « De même que tous les hommes ont été perdus en Adam, de même il seront sauvés en Jésus-Christ. » Or, le péché d'Adam nous a tous perdus réellement; donc la vertu de la Rédemption nous sauvera tous avec non moins de réalité. (1) Attribuer ici à la vertu de la Croix un simple pouvoir de nous sauver, ce serait violenter le texte; et de là résulte la nécessité d'un changement dans l'ordre des choses actuelles, puisque présentement tous les hommes ne sont pas sauvés.

Ecoutons maintenant les théologiens. Ils s'évertuent à prouver que Jésus-Christ a réellement souffert pour tous les hommes et même pour les enfants morts sans baptême; or, il n'y a pas à en douter, sans être punis comme les adultes, ces derniers sont réellement damnés. Qu'a donc pu leur mériter l'Homme-Dieu? Une seule chose, la cassation, la révocation, et l'abrogation de la sentence éternelle, au sens expliqué par saint Paul, dans son épître aux Colossiens, 11, 14 et 15. Sans cela qu'y aurait-il dans la Rédemption? Beaucoup plus de bruit que d'effet. Donc, sans la notion d'un changement futur dans l'ordre surnaturel et divin, l'exégèse sacrée et la théologie chrétienne seraient foncièrement incomplètes.

---

(1) Mais il y aura toujours, bien entendu, une différence radicale, essentielle, entre les fidèles élus et les non-élus. La raison l'exige et la foi l'assure.

Assertion troisième.— *Dieu a investi la volonté humaine d'un pouvoir illimité, d'une force résolutoire supérieure aux faits positifs, en sorte qu'il est en notre puissance d'opérer la révolution ici annoncée.* En parlant de la volonté humaine, je n'entends pas désigner la volonté des damnés, mais la nôtre ; que l'on me comprenne bien. — Ce pouvoir illimité apparaît très-clairement dans le Saint-Evangile, où l'Homme-Dieu nous dit sur tous les tons : « Si vous me demandez quelque chose en mon nom, je le ferai. Celui qui croira en moi fera des œuvres égales aux miennes. » Que peut-on désirer de moins équivoque et de plus étendu ? Certaines personnes objecteront peut-être qu'elles croient bien en Jésus-Christ ; et cependant, ajouteront-elles, où est mon pouvoir ? Il faut répondre à cela qu'il n'est point ici question d'une foi banale et vulgaire, mais de cette foi par laquelle l'homme, s'élevant au-dessus des réalités contingentes, embrasse l'essence divine en tout ce qu'elle est. C'est la foi du génie chrétien.— En second lieu, la force résolutoire, dont j'ai parlé, résulte d'abord du pouvoir illimité ici nettement établi. Elle en est le corollaire indispensable. Puis cette force se montre plus clairement encore dans le texte bien connu : *Quand même vous diriez à une montagne d'aller se jeter dans la mer, si vous avez bien la foi, la chose aura lieu ; et tout ce que vous demanderez ainsi dans la prière, vous l'obtiendrez.* Qu'est-ce à dire ? Le Fils de Dieu voulait-il ainsi accorder à l'homme le pouvoir absurde de bouleverser la nature ? Non, certes. Mais, en divin législateur et en grand philosophe, Jésus-Christ déclarait nos vœux supérieurs aux lois positives établies par la Providence ; et la faculté ici mentionnée implique une omnipotence exorbitante, qui échappe aux règles ordinaires. — Donc, étant donné d'une part le dogme de l'éternité des peines, loi purement positive, et de l'autre le vœu sincère de l'âme humaine contraire à ce dogme, le dogme doit être effacé (1). Tel est le droit divin, droit ancien et moderne. Il entrait seulement dans les desseins de Dieu de réserver aux derniers âges du monde la suprême manisfestation de son amour.

Assertion quatrième. — *La volonté humaine désire, veut et demande à Dieu ce changement.* — Qu'on veuille bien relire dans la brochure le passage de M. Nicolas relatif à ce point. Je n'invente rien, ou plutôt libre à chacun d'interroger son âme. Quel est celui qui ne détruirait pas tous les enfers possibles, si la chose était en son pouvoir ? Nous concevons bien qu'outre le Purgatoire où les âmes justes achèvent d'expier leurs fautes, il faut un enfer éternel impliquant la privation indéfinie de tout amour. Mais il répugne à notre âme que cet affreux cauchemar dure éternellement. Tel est encore une fois le cri, tel est le vœu de l'âme humaine, et il suffit de l'offrir à Dieu au nom de Jésus-Christ, c'est-à-dire en pratiquant les vertus chrétiennes, pour que ce vœu ait droit d'être exaucé.

Je dis *au nom de Jésus-Christ,* telle est la condition exigée à bon droit par le Sauveur. De même que certaines demandes ne sauraient valoir qu'autant qu'elles

---

(1) C'est ce qui a lieu dans le gouvernement civil. Quand une loi devient contraire au vœu général on l'abroge. Dans les affaires soumises au jury, l'art. 342 du Code d'instruction criminelle accorde A LA CONSCIENCE DES JURÉS un pouvoir analogue à celui dont parle ici J.-C.

sont rédigées sur papier marqué, de même ici la marque nécessaire, c'est la pratique des vertus de l'honnête homme, du bon citoyen, et du véritable chrétien. Quiconque remplit ces conditions peut se dire : Non-seulement ma vie a une valeur propre, dont Dieu me tiendra compte ; mais en outre les vœux de mon âme et ses élans vers le bonheur entrent pour leur part dans l'accomplissement des desseins éternels.

Assertion cinquième. — *D'après les notions de la théodicée chrétienne, la révolution ici annoncée est inévitable.* — Il y a en Dieu, nous disent les théologiēns, deux volontés distinctes : la volonté de bon plaisir, en vertu de laquelle Dieu nous aime, et la volonté de signe en vertu de laquelle il nous commande et nous gouverne. C'est la première volonté, non pas la seconde, qui est le principe des opérations divines, absolument comme le mobile de la conduite d'un vrai père n'est pas la passion de commander, mais celle de procurer aux siens tout le bonheur possible. — Or voici l'état des choses : un certain nombre de créatures ayant offensé Dieu, l'ordre veut que ces créatures soient punies. De là nos souffrances, de là aussi l'Enfer. Mais, d'après saint Augustin et la raison, cette nécessité où Dieu se trouve de punir, vient d'une cause accidentelle, extrinsèque à l'Être divin, tandis que, même après tous les crimes imaginables, le Tout-Puissant se trouve obligé par la loi de son être à aimer ses créatures, le diable y compris (1). Donc, par la force même des choses, cette nécessité vaincra l'autre, et le mal physique, le mal moral seront détruits dans la création.

Quelques-uns de dire ici : Puisque, d'après vous, la chose doit arriver infailliblement, pourquoi nous épuiser à la demander à Dieu ? Laissons-le agir, c'est plus simple. — O hommes insensés et tardifs à croire, répliquerai-je à mon tour, comprenez donc enfin les desseins éternels . — Oui, sans doute, cette immense révolution arrivera. Dieu sait lui seul quand et comment elle aura lieu, après l'accomplissement de tous les mystères. — Mais Jésus nous dit en même temps : Demandez et vous recevrez, c'est-à-dire, je ne veux agir que sur votre demande, et c'est d'après cette demande que je me déterminerai. C'est pourquoi, demandons ; et demandons en pratiquant les vertus chrétiennes. Tel est le dernier mot de ma philosophie, comme de mes sermons.

Objection. — La seule objection tant soit peu valable qu'on puisse me faire, c'est que, cette théorie une fois admise, les passions humaines seraient déchaînées sans frein. Voici mes réponses : 1º Nous préchons en chaire que Dieu attend le pécheur jusqu'à son dernier soupir ; et *cette attente est pour un grand nombre un motif de différer indéfiniment leur conversion.* Accuse-t-on pour cela Dieu de manquer de sagesse ? Nullement. On exalte sa bonté. Pourquoi ne pas faire ici la même chose ? Du reste, les incrédules n'en deviendront pas pires, puisqu'ils ne ne croient à rien ; les croyants seront suffisamment détournés du péché par la crainte du Purgatoire et de l'Enfer, tels que je les prêche. Et les bons auront tou-

---

(1) Que faites-vous de ce gentlemen ? m'a-t-on dit ?

— Je ne prétends pas que Lucifer et ses anges remonteront à leur place. Mais il y a pour eux comme pour tous, cessation de souffrance.

jours tout intérêt à bien servir Dieu ; car en parlant d'une révocation de la sentence éternelle, je proclame bien haut que le royaume des cieux appartient aux seuls élus. Toute âme pieuse doit dire avec saint Paul : Je sais à qui je me suis confiée.

Telle est, d'après moi, la solution véritable à la seule objection que l'on puisse faire sérieusement contre le dogme chrétien (1), savoir : l'existence et l'éternité du mal. Cette existence est un profond mystère ; mais, dès que l'éternité disparaît, le mal n'est plus qu'un simple incident.

IV

Sans pouvoir expliquer ici le second point de ma pensée, je m'arrêterai uniquement à ce passage : « L'homme a le don d'aimer jusqu'à la folie ; par là même, le sceau ineffaçable des pensées de l'amour incréé doit être l'élan vertigineux du rêve, l'âme du délire, la déraison, l'impossible. » *Phrase vaine!* a-t-on écrit en marge. De grâce, expliquons-nous.

1° D'après la méthode leibnitzienne, nous arrivons à connaître les attributs de Dieu en considérant les attributs de notre âme, puis en les concevant en Dieu dans un degré infini. Or, quoique chez l'homme la folie de l'amour amène des écarts, cette folie n'en est pas moins un attribut très positif de l'âme humaine ; les poètes n'ont qu'une voix pour nous le redire ; donc, par là même, cet attribut existe en Dieu et dans un degré infini. 2° L'analyse cartésienne de l'idée même de l'amour parfait aboutit encore à ces conclusions, conclusions fort bien indiquées par l'auteur de l'*Imitation*, liv. III, ch. V. Donc, la phrase précisée n'est qu'un csmmentaire de ces paroles du Sauveur : « Comme mon Père m'a aimé, je vous aime ; et mon vœu, c'est que l'amour qu'il a pour moi passe en vous (Saint-Jean, XV, 9 ; XVII, 2-6). » 3° En fait, qu'est-ce que l'Incarnation de J.-C. ? Qu'est-ce que sa Passion ? Qu'est-ce que l'Eucharistie? Autant d'actes d'amour pour l'homme poussés jusqu'à la folie. Mais cette divine folie doit nécessairement aboutir à un résultat vraiment efficace et digne d'elle. Voilà toute ma pensée. Pour la bien juger, il est bon d'en considérer la preuve indirecte, c'est-à-dire de voir et de bien méditer combien l'œuvre divine serait pauvre et mesquine, si on l'enfermait dans ce cercle étroit que veut briser à tout prix l'indomptable raison.

V

En terminant, je reviens, à vous, Monsieur l'Official, pour vous prier d'agréer, avec mon respectueux hommage, mes intentions du 11 novembre et mes souvenirs

---

(1) — C'est vrai, me disait une personne. Mais le gras et le maigre, y tenez-vous ? —S'il plaît à Dieu, nous en parlerons.

d'autrefois. Daigne aussi Monseigneur relire la fin de ma lettre à S. Exc. le cardinal Antonelli, en date du 25 décembre 1875. Depuis vingt-quatre ans, j'ai toujours été fidèle à m'unir ainsi aux intentions du Saint-Père ; et quoi qu'il arrive, ma résolution, que je confie à Notre-Dame-de-Chartres, est de ne pas varier sur ce point.

L'Abbé BRIÈRE.

Châteauneuf, 3 janvier 1878.

APPENDICE

Ces pages étaient déjà livrées à l'impression, lorsque M. l'Abbé a reçu la lettre suivante. La publication de cette lettre est très opportune Elle prouve ce qu'il n'est pas besoin d'expliquer.

« Chartres, 27 décembre, 1877.

» Monsieur l'Abbé,

» Merci d'abord pour vos bons conseils. C'est un moyen très facile d'arriver à la perfection. J'ai cru entendre la voix d'un de ces anciens solitaires qui dictaient à leurs disciples des règles de sainteté sages et faciles,
» Soyez sûr aussi, monsieur l'Abbé, que je ne vous oublie pas. Afin d'obtenir à la piété méconnue, au génie méprisé, au talent baffoué, la persévérance dans son glorieux et unique but, j'adresse mes faibles prières au ciel, par l'intercession de saint Joseph et de Notre-Dame-de-Chartres. Ici, les prêtres que je connais n'ont pour vous que des éloges, et la décision du Pontife infaillible ne pourra que se féliciter d'avoir eu un tel provocateur.
» Que d'autres vous souhaitent ce qu'ils voudront, moi je souhaite par votre triomphe celui de la sainte cause, et la réhabilitation d'une mémoire lacérée par tant d'ennemis. Pardonnez-moi le décousu de cette lettre Le cœur ne raisonne pas, il chante ; et pour être confus et variés, ses chants n'en sont pas moins harmonieux.
» Longue vie au prêtre selon le cœur de Dieu ; longue vie au pieux et vénérable savant. Longue vie surtout au docteur infatigable. Puissiez-vous, ce que j'espère et ce que je demande, voir l'accomplissement de ces désirs, dont la grandeur ne le cède en rien à la justesse ! »

XXX

Remercîments à cette pieuse personne ; et j'ai l'espoir qu'en laissant de côté l'exagération des compliments, tout lecteur verra là une chose sérieuse.

Un dernier détail. A l'Archevéché, on a bien voulu lire un de mes exemplaires ; et aucune défense de les propager ne m'a été renvoyée. Mais je ne donne point ce fait pour une approbation directe ou indirecte. Un membre du clergé de Paris disait : *Tout cela est magnifique ; mais enfin il y a là quelque chose qui est contraire au dogme.* Je réponds : Contraire à ce qu'on nomme le dogme de l'éternité des peines, oui ; mais au dogme suprème de l'existence de Dieu, non, mille fois non. C'e-t en s'appuyant sur ce dogme-là qu'on peut jeter l'autre dans la mer.

L'Abbé Brière.

NOTE DE L'ÉDITEUR

Les accessoires que M. l'Abbé se propose de demander à l'Eglise sont : 1° La substitution aussi complète que possible des pratiques de la charité à la loi de l'abstinence et du jeûne; 2° L'abolition des condamnations prononcées par l'Index, en ce sens que ces condamnations auraient seulement pour but de dire aux fidèles : *Tel livre contient l'erreur; si vous le lisez, vous devez vous en défier;* 3° L'autorisation préalable accordée a tous les fidèles de publier leurs pensées, après un certain âge fixé par l'Eglise, et sous la condition expresse de se conformer à cette loi des convenances qui doit régler tous nos actes ; 4° L'adoption d'un formulaire des idées modernes, d'après l'enseignement catholique et l'esprit français. Ce formulaire serait, non pas l'opposé, mais le vis-à-vis du Syllabus; 5° La convocation du concile interrompu, et M. l'Abbé demandera que cette réunion solennelle ait lieu à Paris, s'il se peut.

G. P.

3 Janvier 1877.

Imp. E. Pluiseau, 39-41, passage du Grand-Cerf, Paris.

9 782019 317553